Ce carnet
appartient à

Édition : Mélanie Lehmann
Relecture : Marie Piquet
Maquette et design de couverture : Johanna Fritz
Illustrations de couverture et intérieures : Hadrien

Certains des poèmes de ce carnet sont issus du recueil *Les Fragments du cœur*, publié chez Albin Michel (pages 23, 31, 48, 50, 54, 66, 77, 82, 104 et 108)

76 boulevard Pasteur
75015 Paris — France
ISBN : 979-10-285-3401-1

Marion Fritsch
@unlivre_unehistoire_

Écrire les saisons du cœur

LEDUC

Sommaire

Avant-propos

L'écriture, un miroir du réel

Le réel m'a toujours permis de trouver l'écriture. Avant de poser les mots sur le papier, j'écrivais dans ma tête. Je capturais le monde qui m'entoure, les pensées qui se mêlent aux émotions passagères qui me traversent et m'habitent.

J'écrivais sur ce que je pensais connaître. Sur ce que je vivais, ce dont je me souvenais, et même sur ce que je finirais par oublier.

Un espace pour l'audace

Je suis convaincue que chacun(e) de nous a quelque chose à dire, à raconter. Mais souvent, il manque un espace, un prétexte pour oser parler de soi. De notre façon, singulière, de percevoir le monde. Pourtant, écrire ne demande ni diplômes ni médailles. Pas de raison valable, si ce n'est le désir.

Et trouver un lieu où déposer tout cela, voilà le commencement de l'écriture. Le journal intime ou le carnet de notes, qui nous accompagnent depuis des siècles, offrent cet espace à part, où notre vie privée peut s'épanouir.

Bien qu'inspirée par ces incontournables, la démarche de ce carnet va au-delà du simple fait de poser ses ressentis sur le papier. Ici, l'écriture est un acte créatif. Il ne s'agit pas seulement de confier ses émotions, mais de leur donner une forme poétique ou narrative qui procure autant de plaisir à l'écriture qu'à la lecture.

Alors, comment donner forme à ce qui nous habite ? Qui sommes-nous à travers nos mots ? Que ressentons-nous et à quoi ressemble notre écriture ? Qu'avons-nous envie de raconter ? Quels fragments de nous, de nos souvenirs enfouis ou de notre regard sur le monde avons-nous envie de révéler ?

Les saisons de l'écriture

Je me plais à penser que la vie, tout comme l'écriture, est faite de saisons.

Le printemps porte l'espoir et l'éternel recommencement. Dans cette partie, l'écriture se tourne vers les rêves en devenir, et ce que nous sommes ou aimerions être, promesse de renouveau.

L'été est la saison de l'intensité et des passions : des rencontres marquantes, des instants de bonheur passagés, mais aussi des moments de réflexion sur les liens familiaux et les inconnu(e)s croisé(e)s en chemin.

L'automne nous invite à l'introspection, avec ses couleurs chaudes et ses nuits qui s'allongent. On y retrouve les souvenirs, les bilans doux-amers.

Enfin, le froid de l'hiver raconte la mélancolie et le changement. Les instants de transition, les décisions importantes, les relations qui s'effacent, mais aussi la chaleur des mains tendues.

Chaque cycle raconte une histoire et accompagne notre chemin intérieur. Nous sommes, nous aussi, en éternel recommencement. Nos émotions et les éléments naturels qui nous entourent en sont les spectateurs silencieux.

Comme tout premier pas vers l'écriture, notre témoignage du réel et de notre vécu est et restera la plus évidente des introductions.

Et les saisons comme guide, la plus belle des boussoles.

Un carnet pour s'explorer

Ce carnet d'écriture est un carnet de bord, un refuge pour vos émotions et les aventures que la vie dépose sur votre route. Un espace où sentiments et expériences, petites et grandes, trouveront un endroit pour exister.

À travers les sens qui nous guident, les lieux qui nous parlent, les éléments qui nous entourent, mes anecdotes et épreuves personnelles, j'ai imaginé des invitations à l'écriture. Elles puisent à la fois dans l'intérieur et l'extérieur, dans ce qui est vécu et ce qui est rêvé. À ce moment précis de ma vie, où étais-je ? Que vivais-je ? Qu'est-ce que je ressentais ?

Ces questions, simples mais puissantes, ouvrent la porte à l'écriture.

Dans les ateliers que j'ai menés, j'ai souvent vu des participant(e)s se révéler. Ils/Elles entrent hésitant(e)s, mais repartent avec l'élan de continuer. Ils/Elles cherchent à s'autoriser ce temps, cette respiration, à parler des moments forts de leur vie. À poser leurs propres mots sur leurs maux.

À la fin des ateliers, ils/elles ressortent souvent apaisé(e)s et enjoué(e)s à l'idée de recommencer ou de continuer de leur côté. Je pense que cet enthousiasme vient en grande partie de ce que déclenche ce temps d'écriture : le réveil d'une énergie créatrice. Quelque chose de fort et de vivant, que notre société ne nous a pas appris à faire perdurer une fois les bancs de l'école quittés, sous prétexte que cela n'est réservé qu'à celles et ceux qui excellent.

Guider dans l'inconnu de l'écriture créative, aider à trouver l'audace et voir les écrivant(e)s se révéler, se réveiller à travers les mots, est pour moi une joie immense. Chaque texte, chaque voix, dévoile un fragment d'humanité, et le monde, comme notre soi intérieur, en devient plus riche, plus passionnant.

Plus épanouissant.

L'écriture de l'ordinaire

Nous traversons cette vie en oubliant trop souvent que sa poésie se cache dans les détails les plus insignifiants. La beauté ne réside pas que dans l'extraordinaire, mais aussi dans la façon dont nous regardons l'ordinaire : les chemins familiers, les habitudes, le banal.

Ce qui dessine le quotidien de ma vie reste ma source d'inspiration la plus grande pour écrire. Je ne sous-estime aucun détail. Chaque chose a sa place, si on lui en accorde une.

En nous plongeant dans ces instants simples, on trouve des histoires à capturer. Une matière infinie pour écrire, faire vibrer ces instants, leur redonner la place qu'ils méritent.

Accepter que tout, absolument tout, peut devenir écriture.

Que tout, absolument tout, peut devenir poésie.

L'écriture comme liberté

J'aime à penser que l'écriture est libre, tout comme la poésie. Et que sa plus grande loi, reste celle de la créativité. Bien sûr, on peut s'améliorer en lisant, en apprenant ou en pratiquant. Mais il faut d'abord s'autoriser à rêver, à écouter sa voix intérieure, à écrire sans prétention.

Les vertus de l'écriture sont vastes. Elle a sa place dans le quotidien de chacun(e), peu importe qui nous sommes ou d'où nous venons.

Quand j'ai commencé à écrire, j'avais cette qualité de ne pas me poser de questions. Je possédais une volonté intérieure profonde et celle-ci était plus haute et grande que l'idée de plaire ou de répondre à une exigence littéraire.

Ce fut le commencement. J'écrivais, souvent je recommençais, toujours j'essayais. Le désir comme première pierre.

Si je cherche à me souvenir, mes premiers mots sont nés d'un chagrin d'amour. L'émotion m'envahissait tellement qu'il fallait que je la couche sur le papier. Quand j'ai vu les bénéfices, j'ai continué. Et ce qui était au départ un exutoire est devenu une nécessité.

Puis un travail de style. Un art.

Peu à peu, j'ai trouvé le mien, dans l'écriture fragmentée, la poésie et l'oralité scénique. Et cette exploration ne fait que commencer.

Il me reste toute une vie pour en découvrir ses recoins les plus enfouis.

On n'a jamais fini d'apprendre.

Ni de s'apprendre.

Je songe souvent que léguer cela, cette idée d'oser, d'essayer, d'embrasser l'écriture comme tentative, me paraît à la hauteur de mes connaissances et compétences personnelles. Placer toutes ces convictions au cœur d'un ouvrage était donc une évidence.

L’écriture comme libération

Mais l’écriture n’est pas seulement libre : elle est aussi une libération. Elle nous offre un espace où déposer nos peines, où transformer nos blessures en récits et nos silences en paroles. En écrivant, nous pouvons explorer ce qui nous oppresse, ce qui nous échappe, ce que nous avons oublié ou n’avons jamais osé dire un jour.

Ce carnet est un cadeau pour toutes celles et ceux qui, à force de ressentir par les récits, ont fini par à leur tour rêver d’inventer les leurs. Un moyen de se réapproprier son propre chemin et de savourer le plaisir simple de raconter et de s’explorer.

Marguerite Duras disait :
« L’écriture, c’est l’inconnu de soi. C’est le train de l’écrit qui passe par votre corps. Le traverse. C’est de là qu’on part pour parler de ces émotions difficiles à dire, si étrangères et qui, néanmoins, tout à coup, s’emparent de vous. [...]
Écrire, c’est tenter de savoir ce qu’on écrirait si on écrivait*. »

Alors, tentons. Puisque du néant et de cette vie, tout reste à raconter.

* Extrait d’*Écrire* de Marguerite Duras

Conseils

• Prenez votre temps

Pour chaque atelier, j'ai indiqué un temps d'écriture approximatif, mais chacun a son rythme. N'hésitez pas à respecter le vôtre, qu'il soit plus long ou plus court.

• Sautez les pages qui bloquent

Si un exercice ou une thématique vous semble difficile, passez à la suivante et revenez-y quand vous vous sentirez prêt(e).

• Soyez indulgent(e) avec vous-même

Le but n'est pas d'atteindre la perfection. Laissez vos mots couler, même s'ils vous paraissent désordonnés.

• Jouez avec la fiction et le réel

Bien que ce carnet se nourisse de votre vécu, vous n'êtes pas obligé(e) de tout raconter tel que cela s'est passé. Transformez vos souvenirs, inventez des histoires, laissez votre imagination s'exprimer.

• Inspirez-vous des extraits poétiques

Les poèmes intégrés dans ce carnet sont là pour éveiller votre créativité. Ils sont parfois des modèles, mais aussi des pauses, des tremplins pour vos propres idées.

• Explorez vos cinq sens

Lors de vos écrits, essayez de décrire ce que vous voyez, sentez, touchez, entendez ou goûtez. Cela enrichira vos textes et les rendra plus vivants.

• Exprimez toutes vos émotions

Ne limitez pas votre écriture aux joies ou aux peines. Racontez aussi la colère, l'émerveillement, la nostalgie ou la sérénité. Chaque émotion mérite sa place.

• Osez relire et annoter vos textes

La relecture peut être une découverte. Vous verrez parfois des choses que vous n'aviez pas remarquées en écrivant. Ajoutez des notes ou des réflexions si cela vous inspire.

• Écrivez régulièrement

Même si ce ne sont que quelques lignes, cultivez l'habitude d'écrire un peu chaque jour ou chaque semaine. L'écriture devient plus naturelle avec le temps. Les temps d'écriture de ce carnet ont été pensés pour que vous puissiez vous y plonger un peu chaque jour.

• Acceptez le silence

Si l'inspiration vous échappe, ne vous forcez pas. Prenez une pause, observez le monde autour de vous, et revenez-y quand vous vous sentirez prêt(e).

• Utilisez des couleurs ou des dessins

Si vous aimez dessiner ou gribouiller, intégrez ces éléments dans vos pages. L'expression artistique ne se limite pas aux mots.

• Créez des rituels d'écriture

Trouvez un moment ou un endroit spécial pour écrire. Cela peut être avec une tasse de thé, sur le quai d'une gare, dans un train, le matin... Ces rituels peuvent stimuler votre créativité.

• Partagez si vous le souhaitez

Si vous vous sentez à l'aise, lisez vos textes à voix haute ou partagez-les avec une personne de confiance. L'écriture peut aussi être un moyen de créer du lien.

• Ne vous comparez pas

Votre écriture est unique, comme vous. Ce carnet est là pour que vous trouviez votre voix, et non pour suivre des standards.

• Choisissez votre écriture

Que vous souhaitiez tenter un poème ou un simple récit, ce carnet est fait pour vous guider et vous laisser le choix entre poésie et narration, grâce aux astuces poétiques et invitations créatives. Suivez votre intuition, vos envies et le style vers lequel votre plume vous guidera.
Sentez-vous libre.

• Souriez : c'est votre espace

Qu'il s'agisse de ratures, de pages remplies ou laissées vides, chaque mot que vous posez ici compte. Vous écrivez pour vous, avant tout.

Et n'oubliez pas : **vous avez votre style, il vous est propre, tout comme votre identité et votre personnalité.** Tout le monde est capable de raconter des choses ou d'écrire un poème.

Ce carnet est là pour vous aider à découvrir votre écriture.

Ce carnet est là pour vous aider à vous découvrir.

Ce carnet est là,

pour vous.

Printemps
Émotions naissantes

Et un de ces jours, où les fleurs seront très belles
Et le soleil très haut
Je confierai au papier
Tout ce que je n'ai jamais su dire au monde

Premier frisson

15 min

Instructions : *Repensez à un moment où vous avez ressenti une émotion amoureuse pour la première fois. Pour qui était-il/elle ? Où étiez-vous ? Que faisiez-vous ? Quels détails vous reviennent ? Décrivez ce souvenir en vous concentrant sur les sensations et les pensées de ce moment.*

Invitation créative

Un début de phrase pour vous lancer : « *Ce jour-là...* »

Astuce poétique

Tentez d'introduire des **métaphores*** liées à la nature :

« *C'est peut-être sur toi que les fleurs copient secrètement pour être si belles.* »

« *Son regard avait la même insolence qu'un vacancier endormi sur le sable d'une plage abandonnée.* »

* Une métaphore est une figure de style qui consiste à comparer deux éléments sans utiliser de mots de comparaison explicites comme « tel », « comme », ou « pareil à ». Elle établit un lien implicite entre ces éléments pour créer une image ou une idée plus frappante.

Ce que je sais de toi

15 min

Instructions : *Choisissez un(e) inconnu(e) que vous observez : une personne dans un parc, un café ou une rue. Décrivez cette personne à travers des détails précis : ses gestes, son allure, son expression. Imaginez un fragment de sa vie : qui pourrait-elle être ? Que traverse-t-elle en cet instant ?*

Invitation créative
Faites ce temps d'écriture en direct de votre observation dans le lieu de votre choix.

Astuce poétique
Accentuez les détails inattendus comme dans cet exemple de poème.

Les joues bien rondes
elle porte un collier auquel est accroché son téléphone
dans lequel elle parle

On peut voir le mot « Happy » inscrit en perle
sur le collier
Des poils sur son t-shirt noir qui n'est pas repassé
et légèrement délavé

Aux pieds elle porte
des Balenciaga à 365 euros et 30 centimes,
usées et abîmées
À son poignet
un bracelet Louis Vuitton à 335 euros et zéro centime
Sur son épaule
un sac Lacoste, 226 euros et 99 centimes
Dans ses oreilles
des écouteurs sans fil JBL, 111 euros et 25 centimes

Étiquettes au vent

Là où tout commence

15 min

Instructions : *Repensez au moment d'une rencontre importante, de laquelle ont découlé des changements dans votre vie (cela peut être un amour, un(e) ami(e), un(e) professeur(e), un(e) collègue, etc.). Décrivez cet instant comme une scène de film, en insistant sur les détails.*

Invitation créative
Imaginez que cette rencontre a eu lieu au printemps, afin de stimuler votre imagination. Situez-la dans un moment précis de la journée (matin, jour, soir, nuit). Cela vous permettra de bien vous imprégner de l'instant et d'appuyer la narration.

Astuce poétique
Utilisez des **images cinématographiques**,
comme dans le poème suivant*.

Le jour où je te rencontre, c'est un jour de beau temps.
Parfois, le ciel est une promesse.
C'est la fin de l'été et je m'imagine une journée sans encombre.
Tu es arrivée.
Et le sans encombre de cette journée n'a jamais existé.
Il y a tout d'abord ton sourire. Il est assez grand pour laisser derrière lui tous les maux du monde.
Puis ta voix et tes yeux qui sont assez fous pour que ma propre folie veuille danser avec eux.
Tu as des belles mains, que j'écoute parler.
Et tu portes en toi quelque chose de débraillé.
Une sorte de dérèglement climatique, mais de l'esprit.
Tu me racontes des choses et d'autres,
mais je ne m'en souviens pas.
Je me souviens juste de tes lèvres.
De ce moment où tout glisse.
Nos vêtements, nos corps.
Nos vies.
Ton rire même dans les draps.

Les Fragments du cœur, page 13

---

* Une image cinématographique désigne une scène ou une description évoquée avec une telle précision visuelle et sensorielle qu'elle semble être tirée d'un film. Elle capte les détails comme un objectif : les jeux de lumière, les mouvements, les textures, les ombres et les couleurs. C'est une écriture qui « filme avec des mots ».

Au printemps d'une vie

20 min

Instructions : *Écrivez votre autoportrait, de manière sincère et actuelle, comme si vous vous décriviez à quelqu'un qui ne vous connaît pas. Incluez des détails sur votre apparence, votre humeur du moment, ce que vous aimez ou détestez.*

Invitation créative
Commencez votre texte par « *Aujourd'hui, je me sens comme...* »

Au printemps d'une vie (suite)

30min

Instructions : *Afin de mener une réflexion sur votre évolution personnelle, notez trois changements récents de votre vie, qu'ils soient importants ou plus subtils.*

-

-

-

Écrivez une courte scène où vous rencontrez quelqu'un qui ne vous reconnaît pas immédiatement, mais qui valorise sans le savoir les changements que vous avez appliqués à votre vie.

Terminez par une réflexion sur ce que vous souhaitez encore transformer ou renforcer en vous.

Je vis encore
dans un studio loué
seule
avec mon chat
Il n'y a pas la maison
les enfants et le chien
Seulement des livres
neufs et anciens
l'écriture
la fumée du café
et ses arabesques
sur la vitre de la fenêtre

Sur ma table basse
des fleurs que l'on m'a offertes
pas pour l'amour
pour le livre
Il y a, aussi
le dernier roman
qui m'a bouleversée
les notes de tout ce que j'ai à dire
et les pages vides
de ce que je n'ai pas encore dit
Le chat qui dort
Les amis qui veillent dehors
et le silence, trésor

Il me faudrait aussi
des fleurs
pour l'amour
et encore du café
Cette année est passée
et a tout emporté
ou peut-être apporté
Le temps s'est posé
ici et ainsi
et moi
je continue, à écrire
cette vie
qui me ressemble

Désir inavoué

15 min

Instructions : *Racontez un désir inavoué. Pour une personne que vous connaissez comme un(e) inconnu(e) ou un rêve que vous n'avez jamais évoqué.*

Invitation créative
Mettez l'accent sur un des cinq sens pour intensifier le désir (odorat, toucher, vue, ouïe, goût).

Astuce poétique
Dans chaque vers, intégrez au moins un mot issu du champ lexical du désir.

Il existe entre le désir et les sentiments une frontière tellement fine qu'ils finissent bien souvent par s'effleurer.

Les Fragments du cœur, page 18

Premiers soleils

20 min

Instructions : *Écrivez un poème en* **vers libres*** *sur un printemps dont vous vous souvenez très bien, en bien ou en mal. Racontez cette période et expliquez en quoi cette saison a influencé vos émotions ainsi que ce souvenir.*

Astuce poétique

Utilisez des images contrastées pour évoquer un printemps qui vous a particulièrement marqué(e) : mêlez la douceur du champs lexical de cette saison à une éventuelle douleur ou intensité émotionnelle.

* Un vers libre est une forme poétique qui ne suit pas les règles traditionnelles de la versification classique, telles que la rime ou la régularité des strophes. Voir fiche « Le poème en vers libres » page 133.

Premières racines

15 min

Instructions : *Racontez une tradition, un conseil ou une histoire transmise par vos grands-parents ou vos parents. Quels liens voyez-vous entre vos « racines » et la personne que vous êtes aujourd'hui ?*

Pour aller plus loin
Écrivez sur le fait ou non de souhaiter léguer ça à la prochaine génération.

Je ne me souviens pas comment tu étais
avec moi
Bébé
Peut-être
Sûrement
Me prenais-tu dans tes bras
Et me faisais-tu des bisous
sur les joues
Comme le font beaucoup de papas
Peut-être
Que tu souriais
souvent
Que tu me pinçais le nez
Les joues, encore
Et les pieds, potelés
Que tu me regardais longtemps
Par moment
Que tu te disais
dans ta tête
Dans ton cœur
Et au creux de mon oreille
Que tu m'aimes

Que pour moi tu rentrerais tard
S'il le fallait
Si ça pouvait permettre que j'aie un toit
Un cadeau sous le sapin
Et de jolies chaussures
Que s'il le fallait
pour tout ça
Tu le ferais

Peut-être
Sûrement
que tu cherchais chez moi
De temps en temps
Sur mon visage
Et tout mon petit corps
Ce qui venait de toi
Ou que tu aimais simplement
Regarder
Ce qui venait

De vous

Je ne me souviens pas
Comment tu étais, avec moi
petite
Peut-être que c'était différent
De ce que nous sommes maintenant

Que c'était tout léger
Tout discret
Comme l'amour
Timide
De beaucoup de papas

La saison des amours

15 min

Instructions : *Racontez un rendez-vous amoureux ou un date qui vous a marqué(e), qu'il ait marché ou non.*

Invitation créative

Tentez de raconter ce souvenir avec une touche d'humour, en mettant en relief les détails de ce beau ou déplaisant souvenir, la maladresse ou la sensation de découverte propre aux premières rencontres : les petits détails de l'autre ou de vous-même, le lieu, le jour, etc.

Instant poème

Si c'était un mot, on dirait « printemps », mais si c'était un poème, on dirait...

Laissez votre plume exprimer ce qu'évoque en un poème cette saison pour vous.

Été
Souvenirs brûlants

Mais comment oublier
L'odeur de la crème
Les peaux noyées de chaleur
Et les sourires immenses
Abandonnés sur les plages de nos étés

Escale sous le soleil

15 min

Instructions : *Pensez à un endroit où vous vous rendiez souvent au cours d'un été : une plage, une montagne, une boite de nuit, une maison familiale. Quelles émotions ce lieu vous inspire-il ? Avec qui étiez-vous ? Décrivez-vous à travers les souvenirs que vous y avez créés.*

Astuce poétique

Concentrez-vous sur une sensation physique propre à l'été (la chaleur du sable, l'odeur du sel). Utilisez des **métaphores*** *ou des comparaisons pour rendre cet endroit vivant.*

* Voir la définition de la métaphore en page 16.

Chaleur d'un pardon

20 min

Instructions : *Souvenez-vous d'un moment où vous avez pardonné ou avez été pardonné(e). Décrivez l'échange (ou le silence) qui a marqué ces excuses, et ce qu'elles ont changé, et ce qui a changé en vous ou dans votre relation avec cette personne.*

Pour aller plus loin
Comment ce pardon a-t-il transformé votre regard sur vous-même ou sur les autres ?

Il arrive un jour où tu pardonnes.
Tu pardonnes sa main qui t'avait lâchée
quand vous sautiez dans le vide.
Ses promesses, qu'elle a abandonnées sur le quai
tandis que tu regardais son train s'éloigner.
Ses yeux que tu croyais irremplaçables.
Ces nuits blanches à pleurer des rivières qui ont asséché
ton cœur jusqu'à en faire de la fonte.
Tu pardonnes les soirs à mourir
et les matins malheureux de n'être toujours pas morts.
Le noir et le blanc de tes journées
qui sont restées tant de temps les couleurs éteintes.
Le tsunami qu'elle a mis dans ta vie.
Les rires qu'elle t'a volés et ta joie qu'elle a fauchée.
Tu pardonnes son bonheur sans toi,
cet air qu'elle respire sans toi,
cette vie qu'elle vivra sans toi.
Tes espoirs qu'elle a piétinés et tes genoux sur le sol,
à tenter de recoller les milliers de morceaux.
Tu pardonnes ton cœur de l'avoir trop aimée
et tu te pardonnes à toi d'avoir voulu vivre le souffle
coupé.
Et quand tu auras tout,
tout pardonné de votre histoire,
il ne restera plus que la paix
de ces amours passées.

Les Fragments du cœur, page 201

Adieu sous le soleil

15 min

Instructions : *Souvenez-vous d'un soir où vous avez dû dire au revoir à une période de votre vie, comme l'été, une pause avant le changement. Décrivez l'atmosphère et les émotions qui accompagnaient cet instant.*

Invitation créative
Faites une narration au présent pour découvrir le relief que cela donne à votre texte.

Je nage dans l'océan,
et l'océan me raconte ses secrets,
ceux des baleines et des trésors cachés.
Je reste à l'écouter.
Les yeux grands ouverts,
le sel pique mes lèvres jusqu'à les faire sourire.
Le soir, je rentre,
les pieds nus sur la plage,
je vois ton ombre au loin, tout doucement se noyer.

Les Fragments du cœur, page 187

Carte postale

15 min

Instructions : *Imaginez que vous écrivez une carte postale à quelqu'un qui vous manque. Décrivez le paysage qui vous entoure, mais aussi les sensations et les sentiments qu'il vous inspire. Laissez transparaître vos émotions (joie, nostalgie, passion).*

Invitation créative
Insérez dans la lettre au moins deux anecdotes qui vous rassemblent et font renaître des souvenirs communs.

Astuce poétique
Jouez sur le rythme des phrases et les retours à la ligne pour refléter l'intensité de votre émotion. Les phrases courtes peuvent transmettre l'instant, tandis que les phrases longues peuvent évoquer une nostalgie douce. Lisez-vous à voix haute pour entendre comment cela sonne...

« Ici il fait beau. Il y a le soleil. Et les glaces sur la plage. J'aurais voulu que tu goûtes celle à la vanille, je crois qu'elle a presque la même douceur que toi. »

Ce que je vois de toi

15 min

Instructions : *Choisissez une personne chère à vos yeux et listez les détails qui la définissent : des gestes, des habitudes, des manies. Écrivez un texte où ces observations révèlent à la fois l'attachement que vous lui portez et la manière dont elle influence votre quotidien.*

Invitation créative

Insistez sur ses maladresses ou sa part d'humanité qui la rendent belle à vos yeux. Intégrez du vocabulaire émotionnel dans ces détails.

Ce que je sais de toi :
Le sucre que tu casses dans ton café
La larme que tu essuies très vite devant ta série TV
La lessive que tu fais toi-même
Ta paupière qui tombe quand tu doutes
Tes cheveux que tu passes derrière l'oreille avant de claquer la porte
Tes doigts que tu manges quand tu as peur
L'heure que tu vérifies, seulement quand tu es en retard
Le courrier que tu n'ouvres pas
Le vin blanc que tu choisis avec tes amis
Ce que je sais de toi,
Tout de cette vie, qui continue sans moi.

Les Fragments du cœur, page 193

Traces du passé sur la peau

15 min

Instructions : *Pensez à une cicatrice ou à une marque sur votre corps que vous associez à un souvenir : une chute, une aventure, une émotion forte. Décrivez cette scène en explorant ce que ce souvenir signifie pour vous aujourd'hui.*

Invitation créative
Un début de phrase pour vous lancer :
« Sur mon corps, il y a... »

Dispute brûlante

20 min

Instructions : *Écrivez sur une dispute ou sur un malentendu avec un(e) proche. Qu'est-ce qui a déclenché vos émotions ? Comment s'est terminé cet épisode ?*

Invitation créative

Pour écrire cette scène, insérez un dialogue entre ce(tte) proche et vous pour explorer la tension et les non-dits dans la relation. N'hésitez pas à puiser dans votre imagination pour enrichir les échanges.

Tu m'as toujours dit que tu détestais le RER
On s'engueulait souvent, je te disais que
« Tu fais trop ta parisienne »
Toi, tu me répondais
qu'il était temps
que je sorte de ma banlieue

Je n'ai jamais su t'expliquer à quel point
je l'aime
ma banlieue
Je n'ai jamais su
car moi-même
je n'ai jamais trouvé les mots
d'amour
qui se cachent dans le retard des transports
les couleurs des graffitis
les mauvaises odeurs
et la grisaille des HLM

Je n'ai jamais su
expliquer
ce que c'est d'avoir l'ADN d'un RER greffé
dans la peau
au point de finir par l'aimer
Au point de ne même plus se souvenir
du jour où
on l'a aimé

C'est peut-être ça, l'amour :

Ne jamais réussir à expliquer pourquoi on y revient
toujours

Promesse dans la lumière

15 min

Instructions : *Souvenez-vous d'un moment où vous avez pris une décision importante pour quelqu'un que vous aimez, ou d'une promesse à cette personne. Décrivez cet instant et ce qu'il représentait pour vous.*

Astuce poétique

Écrivez ce poème avec l'**anaphore*** « *Je te promets...* » ou « *Pour toi, je...* ».

---

* Une anaphore est une figure de style qui consiste à répéter un mot ou un groupe de mots en début de phrase, de vers ou de proposition. Cette répétition crée un effet d'insistance, de rythme ou d'émotion.

« ***Je voulais*** *être là pour toi*
Je voulais *que cette vie ne nous laisse jamais de répit*
Je voulais *être une des étoiles de ton ciel,*
que tu pourrais partir retrouver les soirs de doutes. »

Rire et échos

20 min

Instructions : *Choisissez un souvenir d'été que vous partagez avec un(e) proche ou un membre de votre famille. Quels moments de complicité vous reste-t-il ? Décrivez-les comme si vous les reviviez.*

Invitation créative
Replongez-vous dans les photos de vos derniers étés afin de puiser de l'inspiration.

Rire et échos (suite)

15 min

Instructions : *Écrivez une lettre à cette personne, même si vous n'avez pas souvent l'occasion de lui exprimer à quel point il/elle est important(e) dans votre vie.*

Invitation créative
Terminez votre lettre par une citation qui exprime ce que cette relation vous évoque. Il peut s'agir de la tirade d'un film ou du vers d'un(e) auteur(e) que vous aimez.

Astuce poétique
Jouez sur les souvenirs et l'atmosphère de l'été pour symboliser la chaleur de votre affection.

Je me demande comment tu vas
Ce que tu deviens
Si tu souris toujours autant
Si tu aimes toujours la nuit
La lumière de ses néons et la douceur de ses secrets
Si tu te souviens de nos projets
Du nom de notre café préféré.
Si tu as continué à croire en l'amour comme nous avons cru en nous,
Si tu croises d'autres yeux qui font briller les tiens,
Si tu aimes toujours pleurer en secret
parcourir des cœurs que tu ne connaîtras jamais.
Je me demande la couleur de tes matins,
Si les choix que tu fais sont les bons.
Si le bonheur se cache derrière ton épaule.
Si la vie qui t'attend sera belle.

Les Fragments du cœur, page 185

Amour de vacances

15 min

Instructions : *Repensez à une histoire d'amour estivale, qu'elle ait été brève ou longue. Comment le soleil et la chaleur de l'été ont-ils influencé vos émotions ? Où étiez-vous durant ce moment ? Décrivez un instant marquant.*

Invitation créative
Incluez dans votre récit le titre de la musique qui berçait la période de cette rencontre. Vous pouvez même tenter de l'écouter pendant votre écriture. Observez ce qu'elle vous inspire.

Astuce poétique
Cette fois, ajoutez des rimes pour révéler la poésie de cet amour.

Il était une fois la passion,

Le soleil était au rendez-vous
Et le rendez-vous nous avait ***convié***

La terrasse se ***remplissait***
Le serveur distribuait les ***carafes***
Et la cuillère tournait dans la ***tasse***

La tasse portait le café
Le café touchait tes lèvres
Tes lèvres tenaient mon regard
Et mon regard, contenait la fièvre

La fièvre chantait ta présence
Et ta présence faisait danser la cuillère
Qui elle-même, habituée des folles histoires
des terrasses ***animées***
des embruns de ***café***
et des yeux ***embrasés***

Savait que chaque passion
commence
par un amour qu'on touille
sous le soleil brûlant
des détails infinis.

Ainsi naissent, les premières fois

Instant poème

Si c'était un mot, on dirait « été », mais si c'était un poème, on dirait...

Laissez votre plume exprimer ce qu'évoque en un poème cette saison pour vous.

Automne
Réflexions intérieures

Les feuilles mortes ne sont pas tristes
elles prennent juste le soin
d'offrir un tapis
où l'on peut déposer
tout ce qu'il nous faut laisser partir

S'effacer pour renaître plus grand

Sous la chaleur des plaids
et les couleurs enveloppantes
de feu et de miel

marcher doucement

sur le chemin de notre renaissance

Un amour qui change

15 min

Instructions : *Repensez à un moment où une relation amoureuse ou amicale a évolué en bien ou en mal. Comment avez-vous vécu ce changement ? Écrivez sur ce que vous avez appris de cette transformation.*

Invitation créative

Complétez ces phrases puis reprenez au moins trois de ces accroches pour les insérer ensuite dans votre texte.

« Tout a basculé quand... »
« Ton sourire a commencé à dire... »
« J'ai compris que je te perdais lorsque... »
« Ce que je n'ai jamais osé te dire, c'est... »
« Ce changement m'a laissé(e) avec... »
« Aujourd'hui, je réalise que... »
« Je garde encore en mémoire... »
« Et pourtant, je... »

Douceur d'un conseil

20 min

Instructions : *Souvenez-vous d'un conseil donné par un(e) proche. Quelles émotions vous ont traversé(e) en l'écoutant ? Décrivez cet échange et les effets sur vous.*

Astuce poétique

Utilisez une **anaphore***, par exemple, *« il y avait ce conseil qui disait »* ou *« tu m'as dit »* pour rythmer votre texte et renforcer son impact.

* Voir la définition de l'anaphore en page 60.

Pour aller plus loin
Imaginez une autre circonstance où ce conseil pourrait à nouveau vous être utile, et décrivez la manière dont vous l'appliqueriez aujourd'hui.

J'étais toujours entourée de ceux que j'aime,
en oubliant à quel point ils sont des héros.
À quel point ils sont la lumière au milieu des ténèbres,
À quel point sans eux, je n'aurais pas retrouvé mon chemin.

– L'amitié sauve des vies. –

Les Fragments du cœur, page 188

Les paradoxes de l'amour

20 min

Instructions : *Racontez le souvenir d'une contradiction émotionnelle forte (par exemple : se sentir aimé(e) mais incompris(e), heureux(se) mais mélancolique).*

Invitation créative

Associez vos contradictions émotionnelles à l'automne : le mélange de chaleur et de froid ou encore le contraste entre les couleurs des feuilles et la tristesse de leur chute.

Le jour où tu m'as quittée en me disant
que j'étais parfaite
je me suis demandé combien de
gens parfaits
se font quitter

Peut-être
qu'au moins une fois par jour
des gens à qui l'on dit
qu'ils sont parfaits
disent au revoir à l'amour

Le jour où tu m'as quittée en me disant
que j'étais parfaite
j'avais
une miette au coin de la joue
un bouton dégrafé
et une poche trouée
Le matin même
j'avais oublié de plier mon linge sec
depuis presque
trois jours

Et je n'ai même pas su te retenir

Les gens qui aiment
s'en vont
avec de drôles de définitions
de la perfection

Les yeux qui croisent les miens

15 min

Instructions : *Pensez à un instant où votre regard a croisé celui d'un(e) inconnu(e) seulement quelques secondes, mais assez pour que vous ressentiez une intensité particulière. Où étiez-vous ? Décrivez ce regard : était-il doux, curieux, triste ou troublant ? Que vous a inspiré cette personne ? Imaginez ce que ce regard aurait pu vouloir dire.*

Astuce poétique
Écrivez deux poèmes en huit vers.
Le premier doit commencer par « *J'ai cru voir* ».
Le deuxième par « *Il y avait dans ses yeux* ».

Je t'ai tant reconnue dès le premier regard,
Qu'il me paraît impossible de ne pas t'avoir déjà connue dans une autre vie.

Les Fragments du cœur, page 60

La vie antérieure

25 min

Instructions : *Imaginez une histoire dans laquelle vous et une autre personne partagez une autre vie, dans un autre temps, un autre lieu. Décrivez qui vous êtes, ce que vous faites et ce qui vous lie.*

Invitation créative
Terminez par une réflexion sur ce que cela signifie dans votre vie actuelle.

Astuce poétique
Intégrez ces accroches sur trois débuts de strophe de votre poème.
« Dans une autre vie... »
« Dans un autre temps... »
« Dans un autre lieu... »

Adieu sous la pluie

15 min

Instructions : *Pensez à un moment où vous avez dû laisser partir quelqu'un ou quelque chose. Décrivez cet adieu.*

Pour aller plus loin
Listez ce que cette personne vous a laissé de positif et de négatif.

Astuce poétique
Tentez de réécrire cet inventaire pour qu'il ressemble à un poème-liste (relisez-vous à voix haute pour trouver un rythme et une sonorité qui vous plaisent).

- ....
- ....
- ....
- ....
- ....
- ....
- ....
- ....
- ....
- ....

Le café noir tremble au fond de la tasse
Et je songe à tous ces poèmes eux aussi
trop fragiles
Qui n'ont jamais vu le jour

Ma rancune tremble dans l'obscurité

Je ne me souviens pas
Du jour où tu t'es excusée
où tu m'as dit pardon
je suis désolée
Alors je continue
à t'en vouloir
à te jeter des sorts au milieu de mes nuits

Brûler un peu chaque jour
les affaires
que tu as égarées aux quatre
coins de l'appartement
prend du temps

Mais tu es comme ce café
froid
qui tremble au fond de la tasse
La mousse a fondu
la fumée a disparu
Il ne reste qu'un gout âcre
d'une marée noire
qu'on ne veut même plus boire

Et qu'on oublie sur le rebord d'une table

La routine d'un(e) inconnu(e)

15 min

Instructions : *Imaginez un(e) inconnu(e) que vous voyez chaque jour au même endroit (dans les transports, au travail, dans le quartier). Décrivez sa routine à travers votre regard, en capturant ses habitudes.*

Invitation créative
Tentez ce temps d'écriture dans les transports ou un parc, en observant le monde qui vous entoure pour vous inspirer. Puisez dans l'ordinaire.

Astuce poétique
Choisissez un détail récurrent (un objet, un geste, un vêtement) dans la routine de cet(te) inconnu(e) et faites-en le fil conducteur de votre poème.

L'homme à la Citroën bleue ne parle pas
Sa voix est un secret
Plus discret que le bleu
de sa Citroën bleue

Il porte un polo jaune
Et sous ce polo jaune, se devine un corps fin

Ses yeux sont fatigués, sa peau abîmée
L'homme à la Citroën bleue
ne semble pas avoir dans sa vie
conduit que des Citroën bleues

Il a connu le soleil
qui a rendu sa peau froissée
ses yeux fatigués et fait de sa voix
un secret

Alors pour reposer sa vie
l'homme à la Citroën bleue conduit des Citroën bleues

Il porte un prénom qui vient de l'autre côté
de la Méditerranée
d'un pays où le ciel de la nuit a la couleur
de sa Citroën bleue

Dans la Citroën bleue de l'homme à la Citroën bleue
il n'y a ni bruit de moteur
ni musique
ni radio
ni parole

Il y a juste l'homme et le souffle du vent
qui glisse par les fenêtres
ouvertes

de la Citroën bleue

Les feuilles qui tombent en moi

30 min

Instructions : *Notez trois choses que vous avez « perdues » (personne, habitude, rêve) et comment elles vous ont transformé(e).*

Personne :

Habitude :

Rêve :

Choisissez-en une. Écrivez ce que cette perte vous a malgré tout laissé et ce qui en est ressorti.

Astuce poétique
Utilisez comme dans un poème et autant de fois que vous voulez :
« J'ai perdu… »
Puis :
« Mais maintenant, il me reste… »

Lettre à mon moi enfant

15 min

Instructions : *Écrivez une lettre à l'enfant que vous étiez, comme si vous pouviez lui parler aujourd'hui. Que voudriez-vous lui dire ou lui rappeler ?*

Invitation créative
Intégrez dans votre lettre une phrase qu'un adulte vous a dite quand vous étiez enfant et qui vous a marqué(e).
Divisez votre texte ou votre lettre/poème en insérant ces trois débuts de phrase (dans l'ordre) :
« Cher(ère)... »
« Je veux te dire que... »
« Aujourd'hui, j'espère... »

Ajouter aussi une citation adressée à votre « moi » enfant comme :
« Je te souhaite de faire des rêves aussi grands
Que ceux que tu faisais quand tu étais enfant. »

Un dernier mot

15 min

Instructions : *Imaginez une conversation importante avec un parent, un frère ou une sœur sous un arbre en automne. Que vous diriez-vous dans ce moment de calme ? Qu'aimeriez-vous entendre ou partager ?*
Maintenant, écrivez ce texte.

Invitation créative
Incluez les mots « *intimes* », « *complicité* » et « *feuilles mortes* » pour vous exercer à intégrer des éléments extérieurs à la narration afin de donner de la densité et de l'émotion à votre récit.

Confession intime

20 min

Instructions : *Racontez ce que vous avez le plus peur de révéler au monde extérieur à propos de vous. Listez ces différentes choses et débutez chaque phrase par : « Ce qu'on ne sait pas de moi... »*

-

-

-

Choisissez une ou deux confessions que vous aimeriez justement révéler. Puis, formulez les difficultés que vous rencontrez, et ce que vous pourriez mettre en place pour les dépasser.
S'il n'y a rien dans la liste que vous souhaitez partager, écrivez un texte sur le plaisir de garder précieusement ces secrets pour vous.

Astuce poétique
Introduisez des images symboliques (comme une boîte fermée ou un journal caché) pour illustrer ce que vous ne divulgez pas.

Instant poème

Si c'était un mot, on dirait « automne », si c'était un poème, on dirait...

Laissez votre plume exprimer ce qu'évoque en un poème cette saison pour vous.

Hiver
Se réinventer

En hiver,
J'espère que tu prends le temps de marcher plus lentement
J'espère que tu te remercies
pour tout ce que tu as donné
Tout ce que tu as porté
Tout ce que tu as été

Parce qu'en hiver
Tous les cœurs du monde
Même le tien
Surtout le tien

Méritent une pause précieuse
pour souffler
se retrouver

et s'aimer plus fort

Rêves à bout de souffle

15 min

Instructions : *Revenez à un moment où vous avez pris une très grande décision, comme un changement de travail, de logement ou de vie. Quelles émotions ont marqué cet instant ?*
Décrivez ce souvenir en vous appuyant sur les éléments de l'hiver (la nuit, le froid, la neige), comme une étape vers une nouvelle version de vous-même.

Invitation créative
Utilisez uniquement des phrases courtes pour retranscrire l'intensité et la clarté de ce moment décisif. Chaque phrase doit contenir une émotion ou une action précise.

Je suis sortie du lit
J'ai découpé quelques tomates
Pelé une mangue
Rangé ma deuxième couverture
Sorti mes shorts du fond du placard
Laissé le linge sécher dehors.
J'ai pris le temps
Je me demande si tout se pardonne.
Si lâcher prise peut ressembler aux grands effondrements
Si trouver la paix quelque part en soi
rime avec cette pluie qui tombe parfois.
Sur mes joues les réponses coulent.

Et elles sont belles.

Les Fragments du cœur, page 217

J'y songe

15 min

Instructions : *Pensez à votre relation amoureuse actuelle ou à votre rapport avec vous-même. Quelles sont les choses que vous souhaiteriez améliorer afin de rendre cette connexion plus belle, plus paisible ou plus forte ? Maintenant, écrivez ce texte.*

Invitation créative
Essayez d'insérer des termes qui évoquent le sens du toucher comme *« la chaleur »*, *« la douceur »*, *« la main »*, *« la peau »*, ou des émotions comme *« la paix »*, *« la sérénité »*, *« la force »*.

Astuce poétique
Utilisez l'**anaphore*** *« quand je pense à toi »*.

....

....

....

....

....

....

....

....

....

* Voir la définition de l'anaphore en page 60.

Lettre à toi

20 min

Instructions : *Écrivez une lettre à quelqu'un que vous avez aimé(e) et perdu(e), à cause d'une rupture ou d'un départ. Que voudriez-vous lui dire aujourd'hui ?*

Invitation créative

Ajoutez des **métaphores*** de la nature pour symboliser vos souvenirs ou vos émotions. Par exemple, évoquez des vagues pour les hauts et les bas, un arbre pour ce qui a grandi entre vous ou un orage pour les moments difficiles. Laissez votre lettre être une exploration de ce que vous ressentez encore aujourd'hui : des regrets, de la gratitude ou simplement le poids des silences.

Voici deux exemples pour appréhender la nuance.

- Sans métaphore : « *Je crois que je suis triste.* »
- Avec métaphore : « *J'ai des airs de hors-piste un jour de tempête.* »

* Voir la définition de la métaphore en page 16.

Mon amour,
Il y a des matins où tu me manques.
Je n'ai pas honte de te le dire,
la honte,
c'est pour ceux qui ne sont pas fous.
En fait, ce n'est pas que le matin.
C'est le jour et la nuit et ça pourrait aller jusqu'à l'infini.
Comme c'est drôle la vie sans toi.
Ça ressemble à une soirée sans ivresse.
Un rendez-vous sans baisers
À ces moments que je ne vivrai jamais.
Mon amour,
je crois que je suis triste.
J'oublie de regarder quand je traverse.
Je me crois le dimanche le lundi.
J'ai des airs de hors-piste un jour de tempête.

Les Fragments du cœur, page 151

La mauvaise fois

15 min

Instructions : *Remémorez-vous une fois où vous pensez avoir eu un comportement dont vous n'êtes pas fier(ère). Racontez ce souvenir.*

Pour aller plus loin
Écrivez un texte ou une liste de ce que vous avez retenu de cette expérience et en quoi elle vous a été bénéfique, avec du recul.

Astuce poétique
Faites un poème-liste (lisez-le à voix haute pour sentir le rythme, la rime, la musicalité).

Une main tendue

15 min

Instructions : *Rappelez-vous d'un moment où vous avez tendu la main à quelqu'un, ou inversement. Qu'est-ce que cet acte a changé pour vous ?*

Invitation créative
Choisissez un lieu imaginaire (ou non) extérieur comme une gare, un café ou un aéroport, dans lequel se déroulera votre récit, puis donnez-lui vie.

Astuce poétique
Faites en sorte que le décor réagisse à l'histoire. Si vous choisissez une gare, peut-être que les trains ralentissent ou que les passants incarnent l'indifférence.
« Il y avait cet homme assis sur un banc
Le monde avait oublié de le regarder
et tous les trains de la gare s'en allaient
sans jamais se retourner »

Le chagrin
C'est un peu comme cette pluie
Qui tombe sans prévenir
Sans parapluie, elle s'infiltre partout
Jusqu'au fond du cœur

Et le cœur lui, connaît la chanson
De s'asseoir dans un coin pour sécher
Tenter de se réparer
Dormir des heures, sûrement des jours

Un naufrage c'est épuisant

Nous marchons chaque jour
Dans les rues
Sans savoir

Sans savoir combien d'entre nous
Ont le cœur replié
à se réparer

Un jour, j'ai entendu dire
Que certains
Restent toute une vie dans un coin
Le regard brisé
Et ne se réparent même plus

Et le cœur lui sait, qu'il faudrait
Un petit bout de soleil
Une musique légère
et l'amour d'un ami

Entre les failles et les brisures

Apprendre à laisser passer la lumière

Exercice 100 % poème

15 min

Instructions : *Prolongez le poème de la page précédente en imaginant un personnage fictif qui trouve un moyen inattendu de réparer son cœur cassé.*

Astuce poétique
Commencez le par « *Il/elle répara son cœur cassé le jour où...* »

Je me souviens

20 min

Instructions : *Rappelez-vous une parole entendue un jour par un(e) inconnu(e), qui vous a ému(e) ou touché(e).*

Invitation créative

Qui l'a dite ? Dans quel contexte ? Quelles sont les émotions que vous avez ressenties ?
Maintenant, racontez cet instant.

Un soir entre ami(e)s

15 min

Instructions : *Racontez un souvenir mémorable partagé avec des ami(e)s. Décrivez la scène.*

Invitation créative

Faites passer l'émotion de l'instant et votre amour pour vos ami(e)s à travers des détails qui les rendent particulièrement uniques. N'oubliez pas de donner des précisions sur l'environnement et le jour où cette scène se déroule.

Alors oui, merci les amis
Dans le livre de nos vies,
C'est vous qui écrivez les plus belles lignes.

Une nouvelle version de soi

15 min

Instructions : *Imaginez qu'on vous donne la possibilité de vous transformer. Quelle partie de vous laisseriez-vous derrière et qu'espèreriez-vous voir naître ? Avant de commencer votre texte, utilisez ces deux colonnes pour écrire à gauche ce que vous laisseriez et à droite ce que vous souhaiteriez.*

Astuce poétique

Racontez cette nouvelle version de vous à travers la **métaphore*** de l'animal totem de votre choix qui prend vie.

* Voir la définition de la métaphore en page 16.

L'arbre et ses racines

20 min

Instructions : *Écrivez sur une personne de votre entourage ou de votre enfance qui est comme un arbre robuste pendant les hivers les plus rudes : une figure stable, protectrice ou inspirante. Qu'avez-vous appris d'elle et comment vous aide-t-elle à vous réinventer ?*

Aide à la structure narrative
À qui pensez-vous ?
Qu'avez-vous appris d'elle ?

Invitation créative
Commencez votre texte par « Elle/Il était... »

Astuce poétique
Écrivez une citation ou un petit poème qui vous évoque ce que vous avez appris de cette personne.

Une lumière d'enfance

15 min

Instructions : *Repensez à un souvenir de votre enfance : une aventure marquante, positive ou négative. Qu'est-ce qui rend cet épisode encore précieux aujourd'hui ?*

Invitation créative
Écrivez ce souvenir à travers vos yeux d'enfant. En vous exprimant comme un enfant et avec des pensées d'enfant.

Quand je repense à mon enfance,
Il y a des jours, où j'ai cette sensation, d'attendre de nouveau, ce moment.

Le dernier ballon perché dans l'arbre
La dernière heure du goûter
La dernière punition
Les derniers repas de famille bercés par l'ennui
Achevés en somnolence sur le canapé.

Le dernier mot à faire signer
Et les dernières cerises attrapées dans le verger.

Le dernier au revoir devant la grille de l'école
Et le dernier été,
Sans plus jamais de rentrée.

Le dernier chagrin,
Peut-être un peu pour rien

Le premier sourire qu'on a admiré

Et toutes les incroyables histoires
qu'on s'est racontées.

Un jour viendra

15 min

Instructions : *Évoquez les choses que vous souhaiteriez améliorer chez vous. Expliquez quelles raisons vous empêchent de changer ou les difficultés que vous rencontrez.*

Invitation créative
Utilisez la troisième personne du singulier et commencez votre texte par : « *Chaque matin, il/elle se disait que s'il/elle devait améliorer quelque chose chez lui/elle, ce serait...* »

Instant poème

Si c'était un mot, on dirait « hiver », si c'était un poème, on dirait...

Laissez votre plume exprimer ce qu'évoque en un poème cette saison pour vous.

Fiche pratique : Écrire une lettre

1. Introduction : présenter ses intentions

– Commencez par expliquer pourquoi vous écrivez cette lettre.
– Exprimez votre motivation avec sincérité.

→ Exemple :
« Je prends cette plume aujourd'hui pour te parler de ce que je ressens. »

2. Corps : développer les émotions et les anecdotes

– Partagez vos sentiments en toute authenticité. N'ayez pas peur de montrer vos émotions.
– Illustrez vos propos avec des anecdotes :
  - un moment précieux partagé,
  - une habitude ou un détail qui symbolise votre relation,
  - un souvenir marquant qui vous lie.

→ Exemple :
« Je me souviens de cette soirée où nous avons ri jusqu'à en pleurer. Le bonheur prenait exemple sur nous. »

3. Conclusion : message clé, souhait

– Terminez par une empreinte forte et positive :
- formulez un message clé qui résume ce que vous souhaitez transmettre,
- ajoutez un souhait ou une promesse tournée vers l'avenir.

→ Exemple :
« Sache que quoi qu'il arrive, je serai là.
Tu n'as jamais quitté mon cœur.

Tu ne m'as jamais quitté. »

Astuce finale

Relisez votre lettre à voix haute. Cela vous permettra de vérifier si elle reflète vos émotions avec justesse.

Fiche pratique : Le poème en vers libres

Le poème en vers libres est une forme poétique qui se libère des contraintes classiques (rimes, métrique fixe, structure rigide). Il privilégie l'expression personnelle, le rythme naturel des mots et la musicalité du texte.

1. Caractéristiques principales

Absence de rimes systématiques

Les vers ne suivent pas nécessairement un schéma de rimes. Cela permet une plus grande liberté dans le choix des mots.

Longueur variable des vers

Les vers peuvent être courts ou longs, selon l'effet recherché. Cette variation joue sur le rythme.

Rythme basé sur le sens et l'émotion

Le rythme découle des mots eux-mêmes, des répétitions et des pauses.

Liberté dans la disposition des mots

Les mots peuvent être isolés, mis en avant par des retours à la ligne ou disposés de façon originale pour renforcer l'impact visuel et sonore.

2. Techniques et conseils pour écrire en vers libres

- Travaillez le rythme naturel :
  - lisez votre texte à voix haute pour sentir les pauses et les accélérations,
  - utilisez des retours à la ligne pour guider la lecture et créer des respirations,
  - alignez certains mots pour les isoler ou les mettre en valeur.

- Utilisez des images et des métaphores :
  - évocation plutôt que description directe,
  - privilégiez des images fortes et suggestives.

- Gardez une cohérence :
  - même en vers libres, votre poème doit garder un fil conducteur ou une atmosphère unifiée.

Je pense à toi
Le matin au réveil quand j'ouvre les yeux
que je vis trop vite
que je ris sans raison
que tout semble parfait

Quand je traverse la rue
sans savoir où je vais
que j'écoute les oiseaux
me chanter
leur journée

Au milieu des fêtes
ou des silences bruyants
des frissons de vacances
Ou des journées
d'errances

Quand je plie le linge
Que je lis ces histoires que je ne vivrai
jamais
Que le café refroidit
Que j'écoute une chanson oubliée
ou que la pluie dessine des larmes sur la vitre

Même au cœur de la nuit
où j'ai cru t'oublier
toujours

je pense à toi

Remerciements

Je voudrais exprimer ma gratitude à toutes celles et ceux
qui ont pris part à mes ateliers.
Et qui, sans le savoir,
à travers leur sensibilité et leur créativité,
ont nourri généreusement la création de ce carnet.

Je voudrais remercier la providence de la vie.
Le jour où,
timide et incertaine, j'ai participé à mon tout premier atelier, assise sur un banc de l'université.

Je sais maintenant,
que les révélations
commencent au cœur de l'ignorance.

Enfin,
je voudrais remercier l'écriture elle-même,

puisqu'elle m'a réconciliée
avec la vie,
le monde
et ses fragments de rêves.

Et nous écrirons des petits bouts de nous
Et nous en ferons des petits bouts d'un tout

Cet ouvrage est composé de matériaux issus de forêts
bien gérées certifiées FSC®, de matériaux recyclés
et de matériaux issus d'autres sources contrôlées.

MIXTE
Papier | Pour une gestion forestière responsable
FSC® C023419

Achevé d'imprimer en mai 2025 par
LEGO S.P.A.
Lavis (38015)
Dépôt légal : juin 2025
Imprimé en Italie